COLEÇÃO DOS SONHOS PARA EDUCAÇÃO FINANCEIRA EM QUADRINHOS

NICO E O SHOW DE TALENTOS

www.editoradsop.com.br

Presidente: PhD Reinaldo Domingos
Coordenadora editorial: Renata de Sá
Redatora: Dandara Monteiro
Editora de texto: Sabrina Levensteinas
Editora de arte: Marisa Corazza
Revisora: Gabriela Andrade

www.senioreditora.com.br
Instagram: @senior.editora

Editor colaborador: Samuel Vieira
Blue Line Studio
Diretor de arte: João Costa
Colaboradores
Desenhos: Aparecido F. Norberto (Cidão)
Arte final HQ e capa: Omar Viñole
Arte final das atividades: Léo Munhoz
Cor: Léo Munhoz
Letras: Fausto Costa

Rua Alba, 88 – CEP: 04346-000
Vl. Pq. Jabaquara – São Paulo – SP
Tel.: 11 3177-7800

Dados Internacionais de Catalogação na Publicação (CIP)
(Câmara Brasileira do Livro, SP, Brasil)

Domingos, Reinaldo
Nico e o show de talentos / Reinaldo Domingos ; [ilustração Blue Line Studio de Artes]. -- São Paulo : Editora DSOP, 2021.

ISBN 978-65-87565-71-2

1. Educação financeira 2. Finanças - Literatura infantojuvenil 3. Histórias em quadrinhos - Literatura infantojuvenil 4. Sonhos - Literatura infantojuvenil I. Blue Line Studio de Artes. II. Título.

21-86253 CDD-028.5

Índices para catálogo sistemático:

1. Educação financeira : Literatura infantil 028.5
2. Educação financeira : Literatura infantojuvenil 028.5

Cibele Maria Dias - Bibliotecária - CRB-8/9427

NICO EM:
NICO E O SHOW DE TALENTOS
ERAM OS ÚLTIMOS DIAS DE FÉRIAS... NICO E LELÊ SE DIVERTIRAM MUITO BRINCANDO NO QUARTO DE BAGUNÇA NO SÍTIO DO VÔ AMADEU.
LELÊ, OLHA SÓ!
DEMAIS!
Contos

VOVÔ, ESSE LIVRO É SEU?
NÃO, NICO, ESSE LIVRO ERA DA VOVÓ CECÍLIA, MINHA ESPOSA.
VOCÊS NÃO A CONHECERAM PORQUE ELA FALECEU QUANDO SEU PAI ERA JOVEM.
LEVE O LIVRO PARA VOCÊ, COMO RECORDAÇÃO DE SUA AVÓ.
OBA, VOU LER TUDO! OBRIGADO, VOVÔ!
NICO E LELÊ QUERIAM FAZER ALGO PARA RETRIBUIR TODO O CARINHO DO AVÔ.
NICO, QUE TAL A GENTE LIMPAR O QUARTINHO DA BAGUNÇA PARA O VOVÔ?
ÓTIMA IDEIA!
QUAL DOS CONTOS VOCÊ MAIS GOSTOU?
GOSTEI MUITO DE "JOÃO E O PÉ DE FEIJÃO".
MAS NÃO ACHO QUE ELE FOI MUITO ESPERTO TROCANDO UMA VACA POR FEIJÕES.
ELE TEVE MUITA SORTE DOS FEIJÕES SEREM REALMENTE MÁGICOS. VOU TE CONTAR...

JOÃO ERA UM MENINO POBRE QUE VIVIA COM A MÃE.
UM DIA ELE FOI AO MERCADO VENDER A VACA DA FAMÍLIA, A ÚNICA FONTE DE RECURSO DELES. NO MEIO DO CAMINHO ENCONTROU UM ESTRANHO QUE CONVENCEU JOÃO A TROCAR A VACA POR UM PUNHADO DE FEIJÕES MÁGICOS.
DE VOLTA PARA CASA, DEPOIS DE LEVAR UMA BAITA BRONCA DA MÃE PELA TROCA, JOÃO JOGOU OS GRÃOS DE FEIJÃO PELA JANELA!
PLAFT!
DURANTE A NOITE, OS FEIJÕES CRESCERAM E VIRARAM UM IMEEEENSO PÉ DE FEIJÃO QUE IA ATÉ AS NUVENS.
CURIOSO, JOÃO ESCALOU O PÉ DE FEIJÃO E, LÁ EM CIMA, CHEGOU EM UM CASTELO, ONDE DEU DE CARA COM UM GIGANTE!
COM A AJUDA DA MULHER DO GIGANTE, JOÃO CONSEGUIU FUGIR, MAS LEVOU COM ELE UMA SACOLA DE MOEDAS DE OURO...

MANINHO, VOCÊ É REALMENTE BOM CONTANDO HISTÓRIAS!
CLAP!
CLAP!
CLAP!
O QUE FAZEMOS COM ESSA VITROLA? NÃO FUNCIONA MAIS, JÁ TENTEI LIGAR.
HUM... AINDA NÃO SEI. MAS PODEMOS FAZER UMA LISTA DOS DISCOS DE VINIL DO VOVÔ E INSTALAR UM APLICATIVO PARA ELE OUVIR MÚSICA NO *TABLET* QUE DEMOS PARA ELE.
QUANDO O PAI DE NICO CHEGOU, AS CRIANÇAS JÁ TINHAM TERMINADO DE ORGANIZAR O QUARTO E EMPACOTAR OS ITENS QUE IRIAM DOAR NO CENTRO COMUNITÁRIO DE LAGOA BRANCA.
PREFEITURA – DOAÇÕES

ALGUNS DIAS DEPOIS.
VÔ AMADEU
OIIIIIII!!!
JÁ ESTAMOS COM SAUDADES, VOVÔ!!!
EU TAMBÉM! OBRIGADO, QUERIDOS NETOS. EU ADOREI A SURPRESA NO QUARTINHO.
FICOU ÓTIMO! SÓ FIQUEI COM UMA DÚVIDA: ONDE VOCÊS COLOCARAM MINHA VITROLA E OS DISCOS?
COMO NÃO CONSEGUIMOS FAZER A VITROLA FUNCIONAR, DOAMOS ELA.
MAS NÃO SE PREOCUPE, VOVÔ, BAIXAMOS UM APLICATIVO NO SEU *TABLET* E O SENHOR PODE OUVIR SUAS MÚSICAS SEMPRE.
CRIANÇAS, O QUE VOCÊS FIZERAM...
DEPOIS QUE DESLIGARAM, NICO E LELÊ CONVERSARAM COM O PAI.
O VÔ AMADEU GOSTAVA MUITO DAQUELA VITROLA E DOS SEUS DISCOS DE VINIL. ALGUNS ERAM RAROS E, POR ISSO, VALIOSOS TAMBÉM.

OS ÚLTIMOS DIAS DE FÉRIAS PASSARAM VOANDO. ERA HORA DA REUNIÃO FAMILIAR PARA DEFINIR OS SONHOS DE CADA UM NAQUELE ANO...
EU E O NICO QUEREMOS MUITO JUNTAR DINHEIRO PARA COMPRAR PARA O VÔ AMADEU UMA VITROLA E OS DISCOS QUE NÓS DOAMOS.
É MUITO BACANA A ATITUDE DE VOCÊS, CRIANÇAS. QUE TAL A GENTE USAR OS 4 PILARES DO VÔ AMADEU PARA AJUDAR?
BOA, PAPAI!
VAMOS LÁ! O PRIMEIRO PASSO É... DIAGNOSTICAR.
OBSERVAMOS E FIZEMOS UMA LISTA DE TUUUDO O QUE DOAMOS, PAPAI. PERCEBEMOS QUE SERIA CORRETO COMPRAR OS DISCOS E A VITROLA, JÁ QUE O VOVÔ GOSTAVA TANTO DELES E NÓS DOAMOS SEM AUTORIZAÇÃO.
COM ISSO, A GENTE PODE IR PARA O SEGUNDO PILAR: SONHAR.
NOSSO SONHO É AJUDAR O VOVÔ A FICAR FELIZ NOVAMENTE, OUVINDO SEUS DISCOS.
HUM...

O PAPAI EXPLICOU QUE ALGUNS DISCOS SÃO MUITO VALIOSOS... COMO VAMOS CONSEGUIR O DINHEIRO PARA REALIZAR O SONHO DO VOVÔ?
COM O TERCEIRO PILAR, ORÇAR. COMO OS DISCOS SÃO RAROS, ALGUNS PODEM SER BEM CAROS.
POR ISSO, VAMOS MUDAR A ESTRATÉGIA E ESSE SERÁ O SONHO DE LONGO PRAZO DE VOCÊS.
ISSO, NICO, A MAMÃE TEM RAZÃO. BASTA A GENTE ADAPTAR OS NOSSOS PLANOS. COM ISSO, TEREMOS TEMPO PARA EXECUTAR O QUARTO PILAR: POUPAR.
ÓTIMA IDEIA, MAMÃE! COM MAIS TEMPO, POUPAMOS MAIS DINHEIRO.
SIM. SERÁ NOSSO SONHO COLETIVO, POIS TAMBÉM SERÁ O MEU SONHO DE LONGO PRAZO.
YUPIIII!!!!
OBRIGADA, PAPAI!

ERA O PRIMEIRO DIA DE AULA E NICO ESTAVA ANIMADO COM AS NOVIDADES.
ESTOU TÃO FELIZ QUE VOLTAMOS A TER AULA COM A PROFESSORA ALÊ!
EU TAMBÉM!!!
PENA QUE A LELÊ NÃO ESTÁ MAIS NO MESMO HORÁRIO QUE A GENTE, ESTOU LOUCO PARA CONTAR PARA ELA.
MAS O TITI ESTÁ!
EI, NICOOO!
GENTE, NAS FÉRIAS FUI AO SHOPPING E VI QUE OS JOGOS DO *VIDEOGAME* QUE COMPRAMOS ANO PASSADO ESTÃO MUITO CAROS!
NEM ME FALA, VAI LEVAR UM TEMPÃO PRA CONSEGUIR DINHEIRO SUFICIENTE PARA COMPRAR UM JOGO NOVO.
VOCÊS SABIAM QUE MEU SONHO DE LONGO PRAZO VAI SER UM *VIDEOGAME* PORTÁTIL? COMBINEI COM UM AMIGO E ELE VAI ME EMPRESTAR OS JOGOS DELE.
TITI, VOCÊ É UM GÊNIO! GENTE, VAMOS FAZER UM CLUBE DO *VIDEOGAME*!
PODEMOS VER COM OUTRAS CRIANÇAS DA ESCOLA SE ELAS TOPAM PEGAR EMPRESTADO NOSSO JOGO.
ENQUANTO ISSO, VAMOS POUPANDO PARA COMPRAR UM NOVO. ASSIM, A GENTE CONSEGUE PEGAR EMPRESTADO MAIS JOGOS.

NO DIA SEGUINTE, ASSIM COMO A PROFESSORA ALÊ TINHA ORIENTADO, CADA ALUNO LEVOU UMA HISTÓRIA DE QUE GOSTASSE.
NICO, VAMOS COMEÇAR POR VOCÊ. QUAL HISTÓRIA ESCOLHEU?
"JOÃO E O PÉ DE FEIJÃO"!
DEPOIS QUE TODOS OS ALUNOS FALARAM SOBRE SUAS HISTÓRIAS, A PROFESSORA ALÊ EXPLICOU SOBRE A CONTINUAÇÃO DA ATIVIDADE.
VOCÊS DEVEM FAZER UMA PRODUÇÃO DE TEXTO, COMPARANDO A VIDA DE VOCÊS E A DO PERSONAGEM PRINCIPAL DA HISTÓRIA QUE ACABARAM DE LER.
E SIM, CRIANÇAS, VALENDO NOTA.
BLÁ, BLÁ, BLÁ
TENHO MAIS UMA NOVIDADE. ANTES DAS FÉRIAS DO MEIO DO ANO, VOCÊS FARÃO UMA APRESENTAÇÃO. PEÇA DE TEATRO, MÚSICA, DANÇA...
VOCÊS DEVEM RELACIONAR A APRESENTAÇÃO COM ALGO QUE APRENDERAM NA ESCOLA. POR EXEMPLO, SE OLÍVIA ESCOLHER ANDAR DE *SKATE*, ELA DEVE ENTREGAR UMA PRODUÇÃO DE TEXTO SOBRE A HISTÓRIA DO ESPORTE.
VOCÊS NÃO PODEM REPETIR O ASSUNTO, E OS ALUNOS QUE FIZEREM A INSCRIÇÃO PRIMEIRO TERÃO PRIORIDADE.

NICO FICOU DESANIMADO O RESTO DO DIA E CONTOU SOBRE A ATIVIDADE E A APRESENTAÇÃO PARA SUA MÃE, QUE PERCEBEU SUA CHATEAÇÃO.
FILHO, SE VOCÊ PLANEJAR SEU TEMPO E DEFINIR SUAS PRIORIDADES, SERÁ MAIS FÁCIL DECIDIR O QUE FAZER PRIMEIRO E COMPLETAR TODAS AS TAREFAS.
VOCÊ ME AJUDA, MÃE?
CLARO! POR QUE VOCÊ NÃO COMEÇA PELA PRODUÇÃO DE TEXTO DO CONTO?
Para Cecília
NICO COMEÇOU A RELER O CONTO E SE DEU CONTA: ELE ERA O JOÃO! SÓ QUE, EM VEZ DE TROCAR A VACA POR FEIJÕES MÁGICOS, ELE DOOU A VITROLA DO AVÔ ACHANDO QUE ESTAVA FAZENDO UMA BOA COISA, ASSIM COMO JOÃO.
PRODUÇÃO DE TEXTO
DIAS DEPOIS...
MAMÃEEEE!!!!
PRODUÇÃO DE TEXTO
NICO E O PÉ DE FEIJÃO
-NOTA 10

AS SEMANAS ESTAVAM PASSANDO... NICO E LELÊ PESQUISARAM OS VALORES DOS DISCOS QUE IRIAM COMPRAR PARA O VÔ AMADEU.
OLHA, MAMÃE, ESSE DISCO DE VINIL CUSTA APENAS R$ 0,50! VAI SER FÁCIL JUNTAR O DINHEIRO TODO.
NICO, NÃO CONTE COM ISSO, ESTE AQUI CUSTA R$ 500,00.
MAIS TARDE...
VAMOS TER DE GUARDAR UM POUCO MAIS POR MÊS... PRECISAMOS DE MAIS ESTRATÉGIAS.
CADA CENTAVO CONTA. VAMOS COMEÇAR A LEVAR LANCHE DE CASA E PARAR DE COMPRAR NA ESCOLA.
DISCOS DO VOVÔ

O TEMPO IA PASSANDO... E NICO AINDA NÃO SABIA O QUE FAZER PARA A APRESENTAÇÃO DA ESCOLA.
PROFESSORA, PENSEI EM FAZER UMA APRESENTAÇÃO DE PATINS.
INFELIZMENTE O FRED JÁ ESCOLHEU ESSE TEMA, NICO. TEM TEMPO PARA VOCÊS CONVERSAREM E CHEGAREM A UM ACORDO.
ATÉ O FINAL DO PRÓXIMO MÊS É POSSÍVEL MUDAR O TEMA.
EU VOU FAZER UM NÚMERO DE *SKATE*!
HAHAHAHAHA
O MEU VAI SER UM SHOW DE EMBAIXADINHAS! E EU VOU CONTAR A HISTÓRIA DO FUTEBOL NA PRODUÇÃO DE TEXTO.
JÁ EU NÃO FAÇO IDEIA...
NEM EU. IA ANDAR DE PATINS, MAS O FRED CHEGOU PRIMEIRO.
POR QUE VOCÊS NÃO FAZEM UMA DISPUTA ENTRE VOCÊS? QUEM GANHAR APRESENTA O NÚMERO NA FESTA DA ESCOLA!
TOPA, NICO?
PODE SER...

NO DIA DO DESAFIO, OS CINCO AMIGOS FORAM AO PARQUE. TOMOKO, OLÍVIA E ANDRÉ SERIAM OS JUÍZES. MAS QUANDO NICO VESTIU SEUS PATINS, VIU QUE ESTAVAM APERTADOS DEMAIS.
PESSOAL, POR FAVOR, VENHA AQUI...
ACHO JUSTO QUE O FRED POSSA MOSTRAR SUAS MANOBRAS DE PATINS NA ESCOLA.
ELE GOSTA MAIS DESSE ESPORTE DO QUE EU.
PROVA DISSO É QUE OS MEUS PATINS ESTÃO APERTADOS E EU NEM PERCEBI.
PORQUE FAZ MESES QUE NÃO ANDO, ENQUANTO ELE TREINA TODOS OS DIAS E FOI O PRIMEIRO A SE INSCREVER NA APRESENTAÇÃO.
TEM CERTEZA, NICO? POR MIM, TUDO BEM SE A GENTE COMPETIR.
TENHO SIM! EU PENSO EM OUTRA COISA.
AINDA BEM QUE EU NÃO COMPETI COM O FRED. O CARA ENTENDE TUDO DE PATINS!
HAHAHAHA
HAHAHAHA

A TURMA ESTAVA TÃO ENVOLVIDA COM AS ATIVIDADES DA ESCOLA QUE NEM PERCEBEU QUE JÁ ESTAVA NA HORA DE ABRIR O COFRE DE MÉDIO PRAZO. COMO NÃO NOTOU O TEMPO PASSAR, A TURMA DO NICO TAMBÉM NÃO SE ESFORÇOU O SUFICIENTE PARA POUPAR O DINHEIRO NECESSÁRIO PARA A COMPRA DE UM JOGO NOVO.
AI, GENTE, ACHO QUE O VALOR QUE CONSEGUIMOS JUNTAR NÃO SERÁ SUFICIENTE...
PESSOAL! LEMBREI DE UMA COISA: SE EXISTEM LOJAS DE DISCOS E LIVROS USADOS, DEVE HAVER LOJAS QUE VENDEM OS JOGOS USADOS TAMBÉM.
OS AMIGOS SE ANIMARAM E, NO DIA SEGUINTE, VOLTARAM COM UMA LISTA DE LOJAS ONDE PODERIAM COMPRAR JOGOS USADOS.
PUXA, COM O QUE JUNTAMOS TEMOS DINHEIRO PARA COMPRAR MAIS DE UM JOGO!
NICO E SEUS AMIGOS CONSEGUIRAM COMPRAR TRÊS JOGOS USADOS. ELES ATÉ PODERIAM COMPRAR MAIS ALGUNS, MAS DECIDIRAM COLOCAR OS VALORES QUE SOBRARAM NOS COFRINHOS DE LONGO PRAZO DELES E COMPRAR ALGUMAS GULOSEIMAS PARA COMER ENQUANTO BRINCAVAM.

MAIS TARDE, NAQUELE DIA, NICO E SEUS IRMÃOS RECEBERAM UMA LIGAÇÃO DO VÔ AMADEU.
AI, VOVÔ, TÔ PREOCUPADO. VOCÊ SABE QUE NÃO GOSTO MUITO DE APRESENTAÇÕES...
NICO, VOCÊ LEMBRA COMO DEU TUDO CERTO NA ÚLTIMA? AGORA TAMBÉM VAI DAR, FIQUE TRANQUILO.
O TEMPO PARA NICO ESCOLHER O TEMA DA SUA APRESENTAÇÃO ESTAVA ACABANDO E ELE AINDA NÃO TINHA IDEIA DO QUE FAZER.
AMPLITUDE
ALTA FREQUÊNCIA
AMPLITUDE
BAIXA FREQUÊNCIA
ATÉ QUE UM DIA, EM UMA DE SUAS AULAS, A PROFESSORA ALÊ EXPLICOU QUE ANTIGAMENTE, QUANDO NÃO EXISTIA TELEVISÃO, AS PESSOAS OUVIAM MUITO RÁDIO E TINHAM O HÁBITO DE OUVIR RADIONOVELAS, O QUE DEIXOU NICO MUITO CURIOSO.
NOSSA, DEVIA SER ESTRANHO...
A RADIONOVELA ERA UMA HISTÓRIA INTERPRETADA POR ATORES, MAS SOMENTE COM VOZES E EFEITOS SONOROS.
SERIA TIPO UM *PODCAST* NOS DIAS DE HOJE, PROFESSORA?
PARECIDO! A DIFERENÇA É QUE O *PODCAST* NÃO É NECESSARIAMENTE UMA CONTAÇÃO DE HISTÓRIA, QUE É O CASO DA RADIONOVELA.

MAIS TARDE...
LELÊ, VOCÊ JÁ OUVIU UMA RADIONOVELA?
JÁ APRENDI NA ESCOLA O QUE ERA, MAS NUNCA OUVI UMA.
ME AJUDA A PROCURAR UMA?
VAMOS VEEER...
EM UMA TARDE FRIA E CHUVOSA... CABRUM!!
NOSSA, LELÊ, ISSO É MUITO LEGAL! E SE EU GRAVASSE UMA RADIONOVELA PARA A APRESENTAÇÃO DA ESCOLA? VOCÊ ME EMPRESTARIA O CELULAR PARA GRAVAR?
AH! NÃO SEI...
POR FAVOOOOOR...
TUDO BEM. É POR UMA BOA CAUSA, MAS USE COM CUIDADO.
YUPIIII!!!

COM O PROJETO APROVADO PELA PROFESSORA E COM AJUDA DE SUA MÃE, NICO INICIOU A PRODUÇÃO DA SUA RADIONOVELA COM O TÍTULO "JOÃO E O PÉ DE FEIJÃO"!
Contos
NICO SELECIONOU OS ATORES... PAULO FARIA A VOZ DO GIGANTE; LELÊ, DA MULHER DO GIGANTE; MARIA SERIA A MÃE DE JOÃO; TITI FARIA JOÃO E NICO SERIA O NARRADOR!
NICO APROVEITAVA O TEMPO QUE A FAMÍLIA ESTAVA EM CASA PARA GRAVAR E LELÊ AJUDAVA COM AS EDIÇÕES NO COMPUTADOR.
AI, NICO, VAI DEMORAR UM POUCO MAIS, O COMPUTADOR ESTÁ TRAVANDO MUITO.
NOSSA, LELÊ, ACHEI QUE SERIA MAIS FÁCIL... ESSA PRODUÇÃO ESTÁ DANDO UM TRABALHÃO!

ALGUNS DIAS DEPOIS, NA ESCOLA...
NÃO ACREDITO QUE ACABOU A LUZ AQUI TAMBÉM!
LÁ EM CASA ACABOU BEM NA HORA QUE EU ESTAVA SALVANDO A GRAVAÇÃO QUE A AMIGA DA LELÊ FEZ PARA MIM...
AGORA PRECISO GRAVAR NOVAMENTE E NÃO SEI MAIS COM QUEM GRAVAR. EU TENHO OS PERSONAGENS PRINCIPAIS, MAS FALTA A VOZ DO POVO, QUE TAMBÉM É IMPORTANTE.
IH, LÁ EM CASA ACABOU A ENERGIA ONTEM TAMBÉM.
AQUI NA ESCOLA JÁ É A SEGUNDA VEZ QUE ISSO ACONTECE.
EEEEEEEE!!!!!
EEEEEEEE!!!!!
EEEEEEEE!!!!!
ESSA FALTA DE ENERGIA É UM BOM GANCHO PARA EU RETOMAR ALGO QUE JÁ ESTUDAMOS.
FALTA DE ENERGIA PODE SER CONSEQUÊNCIA DA FALTA DE CHUVA. LEMBRAM QUE ESTUDAMOS AS BACIAS HIDROGRÁFICAS?
SIMMMM!!!
SIMMMM!!!

ENTÃO, SEM CHUVA POR MUITO TEMPO O VOLUME DE ÁGUA DIMINUI.
NO BRASIL, GRANDE PARTE DA ENERGIA USADA VEM DE USINAS HIDRELÉTRICAS QUE UTILIZAM A FORÇA PRODUZIDA PELAS QUEDAS DE ÁGUA NOS RIOS.
UM VOLUME MENOR PRODUZ MENOS ENERGIA.
RESERVATÓRIO
LINHAS DE TRANSMISSÃO
TURBINA
ALÉM DISSO, NAS ÚLTIMAS DÉCADAS, COM O AUMENTO DA POPULAÇÃO E O USO DE APARELHOS ELETRÔNICOS, O CONSUMO DE ENERGIA ELÉTRICA CRESCEU MUITO.

AS PESSOAS PRECISAM APRENDER A ECONOMIZAR ENERGIA ELÉTRICA COM ATITUDES SIMPLES.
O USO DE OUTRAS FONTES DE ENERGIA TAMBÉM É UMA ALTERNATIVA, COMO A TERMOELÉTRICA E A NUCLEAR, MAS AS MELHORES OPÇÕES SÃO AS ENERGIAS CHAMADAS DE LIMPAS E RENOVÁVEIS, COMO A EÓLICA E A SOLAR.

COM O FINAL DO SEMESTRE CHEGANDO, NICO FINALIZAVA AS GRAVAÇÕES QUE PRECISAVA PARA O SEU PROJETO. NO DIA DE GRAVAR COM TOMOKO, NICO PERCEBEU QUE ELA ESTAVA MUITO ESQUISITA.
VAI, FALA, TOMOKO! O QUE ESTÁ ACONTECENDO?
AH, NICO, FALTA UMA SEMANA PARA DECIDIR O TEMA E EU NÃO FAÇO IDEIA DO QUE FAZER... ACHO QUE NÃO SOU BOA EM NADA.
POXA, EU ENTENDO COMO ESTÁ SE SENTINDO. MAS FICA CALMA, VOU TE AJUDAR!
NICO PERGUNTOU AS HABILIDADES DE TOMOKO E FOI TENTANDO DESCOBRIR TUDO QUE ELA GOSTAVA. TOMOKO ESTAVA DESANIMADA, ATÉ CONTAR PARA NICO SOBRE SEU RANÁRIO COM PLANTAS, ÁGUA E TERRA, ONDE CRIAVA ALGUMAS RÃS.

POR QUE VOCÊ NÃO MONTA UMA APRESENTAÇÃO COM SUAS RÃS E MOSTRA COMO É SEU RANÁRIO?
SERÁ? POSSO MOSTRAR AS FOTOS QUE TIREI DE TODAS AS FASES DA METAMORFOSE!

NO DIA SEGUINTE, TOMOKO FOI CORRENDO CONTAR A IDEIA PARA A PROFESSORA ALÊ, QUE GOSTOU MUITO.
SÓ NÃO SE ESQUEÇA DE INCLUIR UMA BREVE APRESENTAÇÃO EXPLICANDO SOBRE O RANÁRIO, FALANDO SOBRE AS PLANTAS QUE PRODUZEM O PRÓPRIO ALIMENTO POR MEIO DA TERRA, DA LUZ, DO AR E DA ÁGUA, E AS RÃS, QUE, COMO NÃO ESTÃO EM SEU *HABITAT* NATURAL, PRECISAM SER ALIMENTADAS COM PEQUENOS INSETOS.
PODE DEIXAR, PROF.

NICO CHEGOU EM CASA MUITO FELIZ. TODOS DA SUA TURMA ESTAVAM COM SEUS TRABALHOS ENCAMINHADOS E LEMBROU QUE, POR SER UMA APRESENTAÇÃO ANTES DAS FÉRIAS, A PROFESSORA ALÊ LIBEROU QUE TITI TAMBÉM PARTICIPASSE, MAS ELE PRECISARIA AJUDAR O IRMÃOZINHO.
ENQUANTO NICO TENTAVA TERMINAR A PRODUÇÃO DA SUA RADIONOVELA, ELE VIU TITI FELIZ NO QUINTAL BRINCANDO COM BIRA...
REINICIANDO
É ISSO!!!
TITI! VEM AQUI!
VOCÊ PODE MOSTRAR OS TRUQUES QUE ESTÁ ENSINANDO PARA BIRA NA APRESENTAÇÃO, O QUE ACHA?
BOA IDEIA NICO! O BIRA VAI FICAR FAMOSO, VOU TREINAR BASTANTE COM ELE.

O FINAL DO SEMESTRE ESTAVA CHEGANDO E, JUNTO COM ELE, AS PROVAS FINAIS, AS APRESENTAÇÕES E A HORA DE ABRIR O COFRE DE LONGO PRAZO PARA O SONHO DE COMPRAR A VITROLA E OS DISCOS DO VÔ AMADEU.
LELÊ, IMAGINA SE A GENTE NÃO CONSEGUIR COMPRAR OS DISCOS DO VOVÔ.
NICO, SERÁ QUE A GENTE NÃO CONSEGUE COMPRAR DE VOLTA OS DISCOS QUE DOAMOS?
BLÁ, BLÁ, BLÁ
BLÁ, BLÁ, BLÁ

NICO! VOCÊ NÃO VAI ACREDITAR...
A CASA DE CULTURA DE LAGOA BRANCA ESTÁ ORGANIZANDO UMA EXPOSIÇÃO SOBRE A ERA DO RÁDIO E DA MÚSICA, E A VITROLA E OS DISCOS DO VOVÔ ESTÃO LÁ!
NICO E LELÊ NÃO AGUENTARAM DE ANSIEDADE E FORAM CORRENDO CONTAR A NOVIDADE PARA O PAI, QUE DESANIMOU OS DOIS.
ACHO MELHOR VOCÊS DAREM O DINHEIRO PARA O VOVÔ E ELE DECIDE O QUE FAZER.

NO DIA SEGUINTE, NICO E LELÊ CONTARAM AO AVÔ SOBRE A EXPOSIÇÃO ONDE ESTARIAM SEUS DISCOS...
QUE BELEZA! VOU DAR UMA PASSADA LÁ ANTES DE IR PARA GUATINGA.
VOCÊ VEM MESMO, VOVÔ?
CLARO! NÃO POSSO PERDER A APRESENTAÇÃO DOS MEUS NETOS.
VÔ AMADEU CHEGOU EM GUATINGA ALGUNS DIAS ANTES DA APRESENTAÇÃO DOS NETOS. NICO ESTAVA FINALIZANDO A EDIÇÃO DE SUA RADIONOVELA.
AI, VOVÔ, ESTÁ QUASE PRONTA. É QUE ESSE COMPUTADOR JÁ ESTÁ MUITO VELHO, QUEBRADO E TRAVA TODA HORA.
CALMA, MEU NETO.
FINALMENTE, CHEGOU O DIA DA APRESENTAÇÃO.
TODOS OS ALUNOS PUDERAM CONHECER COISAS DIFERENTES E GOSTOS PESSOAIS DOS COLEGAS.
RANÁRIO

DEPOIS DA APRESENTAÇÃO...
VOVÔ, QUEREMOS QUE ACEITE ESSE DINHEIRO QUE ECONOMIZAMOS PARA QUE O SENHOR PUDESSE COMPRAR DE VOLTA SUA VITROLA E TODOS OS SEUS DISCOS.
HUM...
ESTÁ CERTO. MUITO OBRIGADO, CRIANÇAS!

NO DIA SEGUINTE...
EU ENTENDO QUE VOCÊS TENHAM POUPADO PARA DEVOLVER MEUS OBJETOS. SEI TAMBÉM QUE VOCÊS DOARAM COM A MELHOR DAS INTENÇÕES. MAS, QUANDO FUI À EXPOSIÇÃO, FIQUEI MUITO FELIZ EM VER MEUS ANTIGOS DISCOS E A VITROLA, QUE ESTAVAM TRANCAFIADOS EM UM QUARTO ESCURO, SENDO VISTOS E APRECIADOS.
SENTI COMO SE, DE CERTA FORMA, MINHA HISTÓRIA ESTIVESSE CONTRIBUINDO PARA O CONHECIMENTO DE OUTRAS PESSOAS. NESSE TEMPO, APRENDI A USAR O APLICATIVO QUE VOCÊS INSTALARAM NO *TABLET*. REALMENTE É BEM MAIS PRÁTICO, E AINDA POSSO OUVIR OUTROS DISCOS QUE EU NÃO TINHA.
SENDO ASSIM, SÓ HAVIA UMA COISA QUE EU PODERIA FAZER...

UAAAUUU!!!
MUUUITO OBRIGADA, VOVÔ!!!
O QUE HOUVE, NICO? NÃO GOSTOU DO PRESENTE?
QUE NADA, VOVÔ! EU SÓ ESTOU PENSANDO EM APROVEITAR AS FÉRIAS PARA PRODUZIR OUTRA RADIONOVELA.
AFINAL, O LIVRO DA VOVÓ CECÍLIA TEM MUUUUITAS OUTRAS HISTÓRIAS INCRÍVEIS!
FIM.

ATIVIDADES

1. MUITAS VEZES GUARDAMOS OBJETOS COMO LEMBRANÇAS. COISAS QUE NOS REMETEM A MOMENTOS INESQUECÍVEIS. VÔ AMADEU TINHA UM "QUARTINHO DA BAGUNÇA". CIRCULE A SEGUIR OS OBJETOS QUE APARECEM NA HISTÓRIA.
NO ÚLTIMO ESPAÇO, DESENHE UM OBJETO QUE LEMBRE UM MOMENTO INESQUECÍVEL.

2. OS PERSONAGENS DAS HISTÓRIAS, MUITAS VEZES, APRESENTAM CARACTERÍSTICAS PARECIDAS COM AS NOSSAS. GERALMENTE, GOSTAMOS MAIS DA HISTÓRIA QUANDO NOS IDENTIFICAMOS COM ALGUM PERSONAGEM. NICO SE FAMILIARIZOU COM A HISTÓRIA DE JOÃO E O PÉ DE FEIJÃO. ESCREVA NO ESPAÇO ABAIXO O NOME DE UM PERSONAGEM DE ALGUMA HISTÓRIA QUE VOCÊ SE IDENTIFIQUE E CONTE UM POUCO SOBRE ELA.

3. NA LOJA DE DISCOS DE VINIL, NICO E LELÊ ANOTARAM O PREÇO DE 5 DISCOS. VAMOS AJUDÁ-LOS NOS CÁLCULOS? SOME OS PREÇOS DOS DISCOS ABAIXO.

R$ 0,50

R$ 3,00

R$ 123,00

R$ 0,75

R$ 4,50

4. A PROFESSORA ALÊ EXPLICOU AS FONTES DE ENERGIA E COMENTOU QUE O CONSUMO AUMENTOU MUITO. GRANDE PARTE DA NOSSA ENERGIA VEM DAS USINAS HIDRELÉTRICAS, QUE UTILIZAM A FORÇA PRODUZIDA PELAS QUEDAS DE ÁGUA NOS RIOS. MAS TAMBÉM EXISTEM OUTRAS FONTES ALTERNATIVAS DE ENERGIA. LIGUE A FONTE DE ENERGIA COM SEU NOME.

USINA NUCLEAR

USINA HIDRELÉTRICA

CATA-VENTOS DE ENERGIA EÓLICA

PLACA DE ENERGIA SOLAR

5. NICO E SUA TURMA PRECISAVAM FAZER UMA APRESENTAÇÃO NA ESCOLA. ESCREVA NA CRUZADINHA O QUE CADA UM DELES ESCOLHEU APRESENTAR.

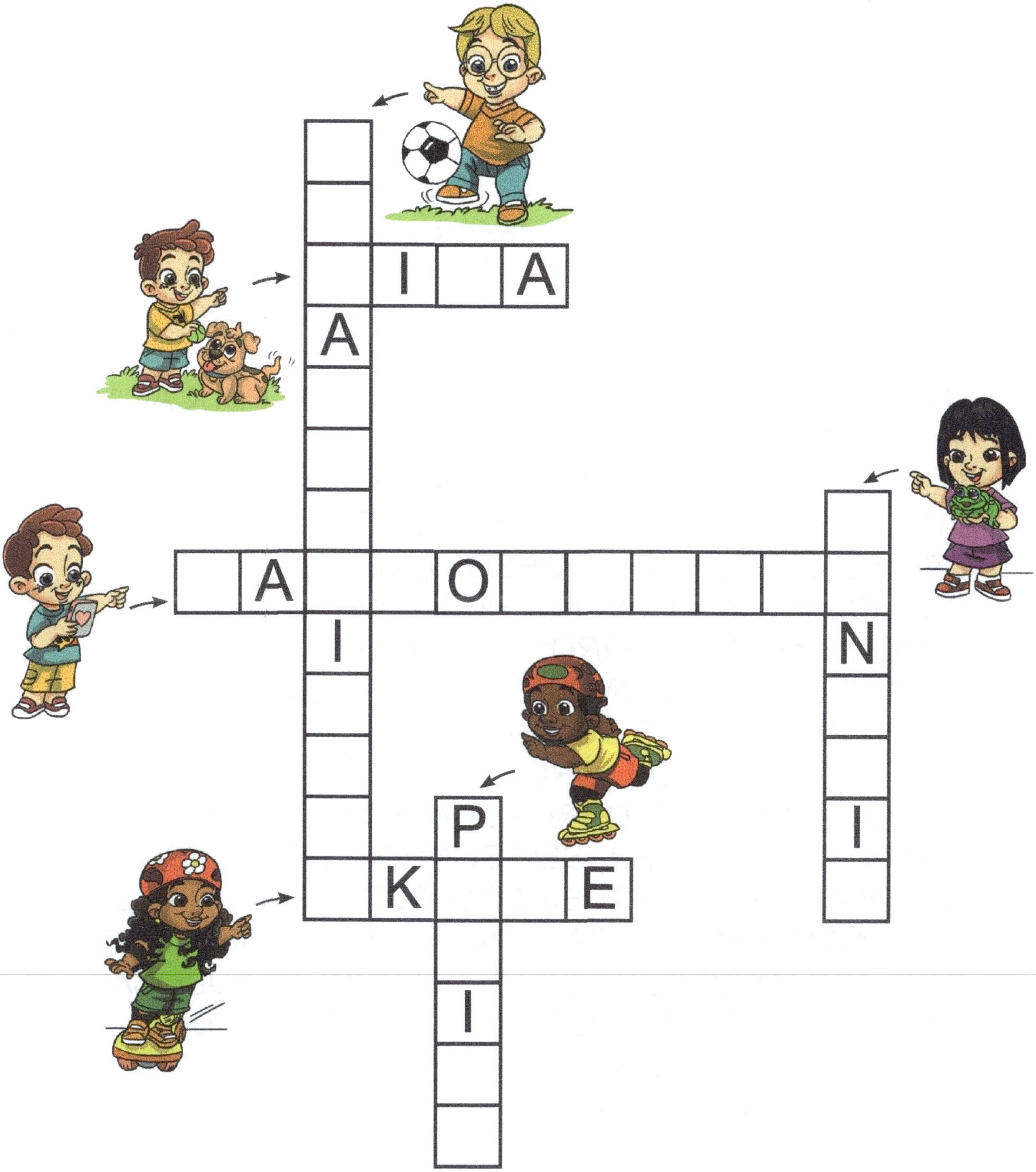

Vitoria Nascimento

REINALDO DOMINGOS NASCEU EM CASA BRANCA, INTERIOR DE SÃO PAULO. FILHO DE PAI FERROVIÁRIO E DE MÃE AUTÔNOMA, AOS 12 ANOS DE IDADE REALIZOU O PRIMEIRO DOS SEUS MUITOS SONHOS: COMPRAR UMA BICICLETA. ATUALMENTE, É PHD EM EDUCAÇÃO FINANCEIRA E MENTOR DE UMA METODOLOGIA COMPORTAMENTAL, A **METODOLOGIA DSOP**, QUE APRENDEU QUANDO AINDA ERA APENAS UMA CRIANÇA. AUTOR DE DIVERSOS LIVROS PARA O PÚBLICO INFANTOJUVENIL, PUBLICOU AS SÉRIES *O MENINO E O DINHEIRO*; *O MENINO DO DINHEIRO*; E OS LIVROS *O MENINO DO DINHEIRO EM CORDEL* (PNLD 2018), *DIÁRIO DOS SONHOS*, *A MENINA DO RIO*, ENTRE OUTROS. EM PARCERIA COM MAURICIO DE SOUSA, LANÇOU AS OBRAS *COMO CÃES E GATOS*, *VISITA À FAZENDINHA*, *SEM SONHOS* E *O SUMIÇO DO CEBOLA*. AUTOR DE TRÊS COLEÇÕES DIDÁTICAS DE EDUCAÇÃO FINANCEIRA PARA O ENSINO BÁSICO DO PAÍS, ADOTADAS POR DIVERSAS ESCOLAS PÚBLICAS E PRIVADAS, É COAUTOR DA OBRA *JUVENTUDE PLURAL – PROJETO DE VIDA*, OBRA DE ENSINO MÉDIO APROVADA NO PNLD 2021.